こちら、まほろば動物病院

鷲塚貞長

つちや書店

はじめに

動物病院は人間以外のあらゆる生き物を診察《しんさつ》し、治療《ちりょう》するところなので、いろんな種類の動物、鳥、爬虫《はちゅう》類（カメ、トカゲ、ワニなど）、両生類（カエル、イモリ、サンショウウオなど）などが来院します。

また診療《しんりょう》だけでなく、野良《のら》ちゃん（イヌ、ネコ）の保護や里親探《さが》し、さらには野生生物の行き倒《だお》れ、交通事故、巣落ちなども持ちこまれますので、その対応もしなくてはなりません。

最近では、野良イヌの数は避妊去勢手術《ひにんきょせいしゅじゅつ》の普及《ふきゅう》で数が少なくなりましたが、ネコは年に3回、平均4頭を出産します。野良ちゃんたちが生んだ、多くの子ネコたちの里親探しはたいへんですので、去勢・避妊手術を飼《か》い主の責任《せきにん》として広める必要があります。

先日の出来事ですが、雨《あま》どいの中から救出された、生後1か月ほどのタヌキのあかちゃん（子ダヌキに近い）が、保護され来院しました。とてもあまえっ子で、つぶらな瞳《ひとみ》で見つめ、甘《あま》がみをします。

タヌキの成長は犬とほぼ同じで、生後2週間で目が開き、3週間で歯がはえ、犬より少しだけ早く、おおむね10か月で大人に成長します。

生後1か月になると食欲《しょくよく》は旺盛《おうせい》なので育てるのは容易《ようい》ですが、タヌキは人家《じんか》の近くに生息する習性があるので、自然破壊《はかい》の進んだ今日《こんにち》、適正な生活環境《かんきょう》を見つけるのは容易でなく、里親探しも野生動物なのでかんたんではありません。

動物はうそをつかないし、必要以上の物もほしがらず、野望だけでの攻撃《こうげき》はせず、愛情《あいじょう》に対しては素直《すなお》に答えてくれます。

今回の『こちら、まほろば動物病院』は、たいへんな数の実例から、その一部を抜粋《ばっすい》し、上梓《じょうし》したものです。

動物たちは、彼らなりに毎日を前向きに生きていますが、病気になっても飼い主が気づかないと治療が受けられず、野生動物も自然破壊の著《いちじる》しい今日では保護が必要ですから、みんなで愛情をもって接《せっ》してあげましょう。

目次

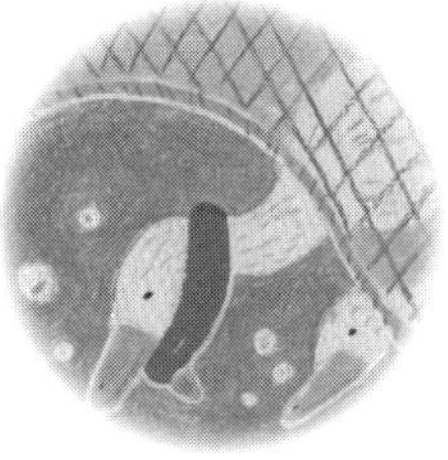

装幀　脇田みどり（エヌ・オフィス）
装画　高橋ポルチーナ

野生のタヌキ　タンポポ

車にはねられたタヌキ

名古屋《なごや》市の南区には、東に隣接《りんせつ》する有名なしぼり有松《ありまつ》より笠寺観音《かさでらかんのん》、そして呼続《よびつぎ》をとおって宮《みや》の渡《わた》しに通じる、江戸時代の旧東海道《きゅうとうかいどう》のなごりがあります。有松より笠寺観音に通じる旧東海道は、さびれた商店街や小さな古民家《こみんか》が建ちならぶ小道ですが、現在は、江戸期をしのぶゆかりなどほとんどありません。

呼続には、緑地指定を受けた長楽寺《ちょうらくじ》の、かなりの規模《きぼ》の森があります。その森の付近で、たびたびタヌキが見かけられるうわさをわたしは聞いていました。タヌキはイヌ科の動物で、むかしから村落《そんらく》の近くに生息する習性《しゅうせい》があり、イヌと同様に利発です。寿命《じゅみょう》は10年ほどですが、飼育《しいく》されると16～17年生きます。ネズミやカエルのほか、鳥類、こん虫、卵《たまご》、くだものなど、なんでも食べます。

近年、道路工事をはじめとする著《いちじる》しい自然破壊《はかい》、過疎化《かそか》の急進による里山の消失、さらには度を越《こ》した銃規制《じゅうきせい》のためのハンターの減少《げんしょう》などで、野生動物が

野生のタヌキ　タンポポ

都会地に出没《しゅつぼつ》することが多くなっている問題は、みなさんもよく知っていることでしょう。

2月のある日、N市獣医師会《じゅういしかい》の事務局《じむきょく》より、「車にはねられたタヌキの治療《ちりょう》を引き受けてくれる動物病院を探《さが》している」との連絡《れんらく》がありました。数日のエサ代程度《ていど》で、手術《しゅじゅつ》と疥癬《かいせん》の治療など、無償《むしょう》で面倒《めんどう》を引き受けてほしいと困《こま》りはてた末の依頼《いらい》でした。

緊急処置《きんきゅうしょち》で一命をとりとめる

病院に運ばれてきたタヌキは、ちょうど親離《おやばな》れして間もないくらいのメスでした。夜の交差点に飛びだしてきたところを、車の急ブレーキが間に合わず、はねられてしまったそうです。その場を目撃《もくげき》していた動物好きの赤尾《あかお》さんが、携帯《けいたい》電話で動物の救急病院を探し、N市獣医師会が開設《かいせつ》している夜間動物救急診療所《しんりょうじょ》に、タヌキをかかえて駆《か》けこみました。

タヌキは重症《じゅうしょう》で身動きできない状態《じょうたい》でしたが、緊急処置で一命はとりとめた状態でした。

「野生にしては、おとなしいね。交通事故で骨盤損傷《こつばんそんしょう》がひどい時は胸《むね》を打撲《だぼく》している場合が多いから、手術は全身状態が落ち着いてからにしよう」

タヌキ程度の大きさの動物が車にはねられて手足を骨折《こっせつ》した場合は、胸部《きょうぶ》を強打し、心筋炎《しんきんえん》を起こしていることが多く、全身麻酔《ますい》は十分に慎重《しんちょう》に行わなければ死んでしまうこともあります。

全身の状態が落ち着くのを待つ間、疥癬の治療を行うことにしました。疥癬の感染《かんせん》でタヌキの首から下の毛は脱毛《だつもう》し、半分くらいしかありません。2月の夜風は毛を失い、保温力もなくなった身にはとてもつらかったことでしょう。

このタヌキは「タンポポ」と名づけられました。

野生動物の手術

タンポポの食欲は、入院時から回復《かいふく》してきました。食事にはペットフードを与えてみたのですが、イヌ用缶詰《かんづめ》よりネコ用缶詰のほうが好きなグルメなタヌキです。ジャーキーを与えるとき、鼻をさわっても抵抗《ていこう》しなくなりましたが、ときどきは「シャー」と威嚇《いかく》し、野生であることの証《あかし》を示しました。

タンポポは入院10日目になると、手術可能な状態にまで回復しました。
「よーし、タンポポ。だいぶ元気に

なったね。手術のために麻酔を打つよ」

野生動物は人に慣《な》れていないので、ペットのようなあつかいはできません。しかし、わたしの病院ではのらネコや地域《ちいき》ネコの避妊《ひにん》・去勢《きょせい》をおこなうSCR協会（Street《ストリート》 Cat《キャット》 Rescue《レスキュー》 Society《ソサイエティ》）を主宰《しゅさい》しているので、あつかいが難《むずか》しい野生動物の麻酔導入《ますいどうにゅう》は慣れたものです。

タンポポは、鎮静剤《ちんせいざい》の注射《ちゅうしゃ》でヘロヘロになったところをバスタオルに包まれ、手術台で麻酔ガスをマスクで吸《す》わされて意識《いしき》がおおむねなくなると、気管チューブを挿管《そうかん》しガス麻酔開始、同時に心電計、血液中酸素濃度《けつえきちゅうさんそのうど》、呼気《こき》のCO_2《シーオーツー》濃度、麻酔濃度、呼吸《こきゅう》状態を示すカプノグラムなどの監視装置《かんしそうち》が付けられます。

骨折により骨盤腔《こつばんくう》に入り込んだ腸骨《ちょうこつ》を引きもどし、骨折部を金属《きんぞく》で固定、坐《ざ》骨《こつ》部分は粉砕《ふんさい》状態で固定が困難《こんなん》なのと、腸骨骨折部分の固定で骨盤腔の確保《かくほ》ができたので縫合《ほうごう》し、手術は約1時間で終了《しゅうりょう》しました。

野生動物は国の所有

「タンポポ、よくがんばったね」

ガス麻酔を切り、意識がもどりだしたところで気官チューブを抜管《ばっかん》すると、タンポポは5分くらいでおすわりをしました。

ちょうどそのころ、救助者の赤尾さんが、T市から駆けつけてきました。手術が無事に終わったことを伝えると、

「あー、よかった、よかった。心配で、心配で」

鎮静から麻酔、手術、そして覚醒《かくせい》までの一部始終を取材していたNテレビのディレクターが、矢継《やつ》ぎ早《ばや》に質問《しつもん》してきました。

「骨盤は何日くらいで固まりますか？　包帯《ほうたい》をかんで取りませんか？　回復したら、タンポポはどうなるのでしょうか？」

わたしはわかりやすく、明確《めいかく》に答えます。

「回復は40日くらいでしょう。包帯は首にエリザベス・カラーをつけますから大《だい》

丈夫《じょうぶ》ですよ」

しかし、最後の質問には明確に答えられませんでした。

「じつは三重県《みえ》の私設《しせつ》動物園を予定していたのですが、タヌキの受け入れは満杯《まんぱい》でむずかしいとのことだったので、まだはっきりしていません」

すべての野生動物の所有権《しょゆうけん》は国にあるので、勝手に飼《か》うことは違法《いほう》です。今回のように傷《きず》ついた野生動物を保護《ほご》した場合、治療が終わって回復したら原則《げんそく》として野生にもどさなければいけません。

しかし、在来種《ざいらいしゅ》の野生動物（特定外来種ではない）の捕獲《ほかく》に対する規制はあっても、傷ついた在来野生動物の保護に関しては明確な規制がないのです。ケガをした野生動物を保護した場合、その治療にかかる費用は保護した個人に任《まか》されます。「野生動物は国のもの」というルールがあるのですから、治療費も国の負担《ふたん》とするのが当然ではないのか、とわたしは思います。

環境破壊がすすみ、タヌキの生息に適した自然が急速に激減《げきげん》、過疎化にともなう里山の喪失《そうしつ》、ハンターの急減《きゅうげん》などの理由から、タヌキたちは都会に出没し続けます。これ以上、必要のない環境破壊はやめ、明日からでもできる具体的方策《ほうさく》をみなで実行する必要があるでしょう。

「もう道路を横断《おうだん》するなよ」

タンポポは大きな手術を受けたにもかかわらず、その日の夕刻《ゆうこく》には、何事もなかったような顔をして旺盛《おうせい》な食欲《しょくよく》を示し、野生動物のたくましさを見せてくれました。

3本足の捨てネコ　エイハブ

3本足の子ネコ

「こんにちは、ワシヅカ先生。この子、昨日《きのう》拾ったネコなんですが、ひどいケガをしていて、お腹《なか》の調子も悪いのです。それに顔に皮膚《ひふ》病《びょう》があるみたいだし、かわいそうだから、よろしくご診察《しんさつ》ください」

病院に、子ネコを抱《かか》えてとても不安そうにしている婦人《ふじん》が訪《おとず》れました。バスタオルに包まれたネコは、生まれてまだ2か月程度《ていど》の子ネコです。よく見ると、ミャーミャーと鳴き続けているネコの片足《かたあし》は、指の根本ですっぽりとありませんでした。

「さっそく診察しましょう」

わたしはそっと子ネコを受け取り、ていねいに診察や検査《けんさ》を始めると、だんだ

んとその婦人もネコも落ち着いてきたようでした。
このネコは、アメリカの小説『白鯨《はくげい》』に登場する義足《ぎそく》のエイハブ船長にちなみ、エイハブと名づけられました。
「足の傷《きず》は、少し前に車にでもひかれたのでしょう。古い傷になってしまって化膿《かのう》していています。下痢《げり》は、なにか悪いものでも拾い食いしたのでしょうね。顔の皮膚病はネコ疥癬《かいせん》といって、一時的には人にも感染《かんせん》する病気ですよ。ほら、のぞいてごらんなさい。虫の体と卵《たまご》が見えるでしょう」

わたしは婦人に、顕微鏡《けんびきょう》をのぞいてもらいました。

「あっ、このダニのような虫がネコ疥癬ですか。それで先生、この病気は治るのでしょうか」

「そうですね。毎日、治療《ちりょう》すれば、下痢は5日程度、皮膚病は2週間くらいあれば治るでしょう。問題は足の傷ですね。傷口のいたみが激《はげ》しいし、化膿をともなっているので手術が必要です。片足が少し短くなりますが、治りますよ」

「それはよかったわ。けれど、じつは……、うちはアパート住まいで、動物が飼《か》えないんです。それに近く、子どもが生まれますし……」

婦人はすこし目立ちはじめたお腹《なか》をさすりながら、困《こま》ったようすです。

「治療後に飼うことができないのですか……。それは困ったなぁ」

「治療費はこちらで負担《ふたん》しますから、だれか飼ってくださる方をお世話いただけないでしょうか。お願いします」

「うーん、じつは最近、こういう問題が時々ありましてね。わたしの所属《しょぞく》している獣医師会《じゅういしかい》では捨《す》てイヌ、捨てネコに対する根本的な対策《たいさく》として、市から補助金をもらって「動物インフォメーションセンター（ＡＩＣ）」を開いています。イヌやネコを飼いたい人、あげたい人、失って困っている人、迷《まよ》い動物の飼い主を探《さが》している人など、電話による通報《つうほう》をカードにして無料で情報《じょうほう》公開しています。しかし困ったことに、あげたい人より、もらいたい

人のほうがうーんと少ないんですよ。それに片足のない子ネコとなると、飼い主を見つけるのは、とてもたいへんかもしれません」

ついこの間も、病院の玄関先《げんかんさき》にダンボールに入った7匹《ひき》の子ネコが捨てられていて、AICを通じてずいぶん苦労してかわいがってくれる飼い主を探《さが》したばかりです。そのうえ病院には、飼い主の事情《じじょう》で引き取れなくなった入院中のイヌやネコが4匹もいました。

「困りましたね」

診察台の上のエイハブを前にして、しばらく考え込んでしまいました。

動物を愛護《あいご》する社会

日本には、昭和48年に「動物を保護《ほご》し、正しく管理しましょう」という法律《ほうりつ》（動物保管法《ほかんほう》）ができました。それまで動物の生命は、品物と同じあつかいになっていたのです。

しかし、この法律ができて長い年月が経《た》っているのに、どこで治療を受けるのか、収容《しゅうよう》された動物の治療費はだれがだすのか、いまだになにも決まっていません。このエイハブのように、発見した人、または獣医科病院などで費用負担をしているのが現実《げんじつ》なのです。

そんな問題や心配をよそに、エイハブはご婦人を見上げ「ミャーミャー」と、こんどは得意気に鳴いてみせました。病院に来たときの鳴き声とは違《ちが》い、とても幸せに満ちた響《ひび》きをもっていました。

「よろしい。それでは次のような方法で、この問題を解決《かいけつ》しましょう」

動物愛護というものは関心も興味《きょうみ》もなかなかもってもらえない、地味でたいへん時間のかかる努力の積み重ねです。思いつきや好意《こうい》だけでは本当の意味での動物愛護運動の前進は望めません。せっかく法律があっても十分に機能《きのう》しなければ、かわいそうな動物たちは救えません。わたしは1日も早く、この動物保管法が自然に定着する社会になればといつも考えていました。

それで、ひとつ提案《ていあん》をすることにしました。

「病気を治すのには最低約2週間の入院治療が必要です。その間の治療費実費の半分を負担してもらえますか。病院が残り半分を負担します。そしてAICなどを通じて飼い主を一生懸命《いっしょうけんめい》探しましょう。もちろん、あなたも探すのを手伝ってください。そうすれば、あなたの善意《ぜんい》は必ずだれかに通じ、きっとよい飼い主が見つかるでしょう」

婦人はとても喜び、丁寧《ていねい》にお礼を言って帰りました。

「よかったな、エイハブ。がんばろうな」

エイハブは、ニャーと返事をしてみせました。

その後、エイハブは手術を受け、後ろの片足は少し短くなりましたが、傷はすっかりよくなり、3本足でも元気に走り回っています。もちろん下痢も皮膚病もすっかりよくなりました。

そして今も病院で、1日も早くやさしい飼い主が決まる日を待ち望んでいます。

野生のハト　アン

巣から落ちたヒナ鳥

「ワシヅカ先生、学校の校門にタオルで包まれて、ヒナ鳥が捨《す》てられていました。近くには、のらネコやカラスがいて危険《きけん》なので、保護《ほご》しました」

わたしが教育顧問《こもん》を務《つと》める専門《せんもん》学校の学生が心配顔でたずねてきたのは、七月も後半の真夏日の午後でした。

孵化《ふか》後《ご》、そんなに日にちのたっていないヒナは、くちばしの形状《けいじょう》、羽毛の特徴《とくちょう》などから、ハトであることはひと目で判明《はんめい》しました。

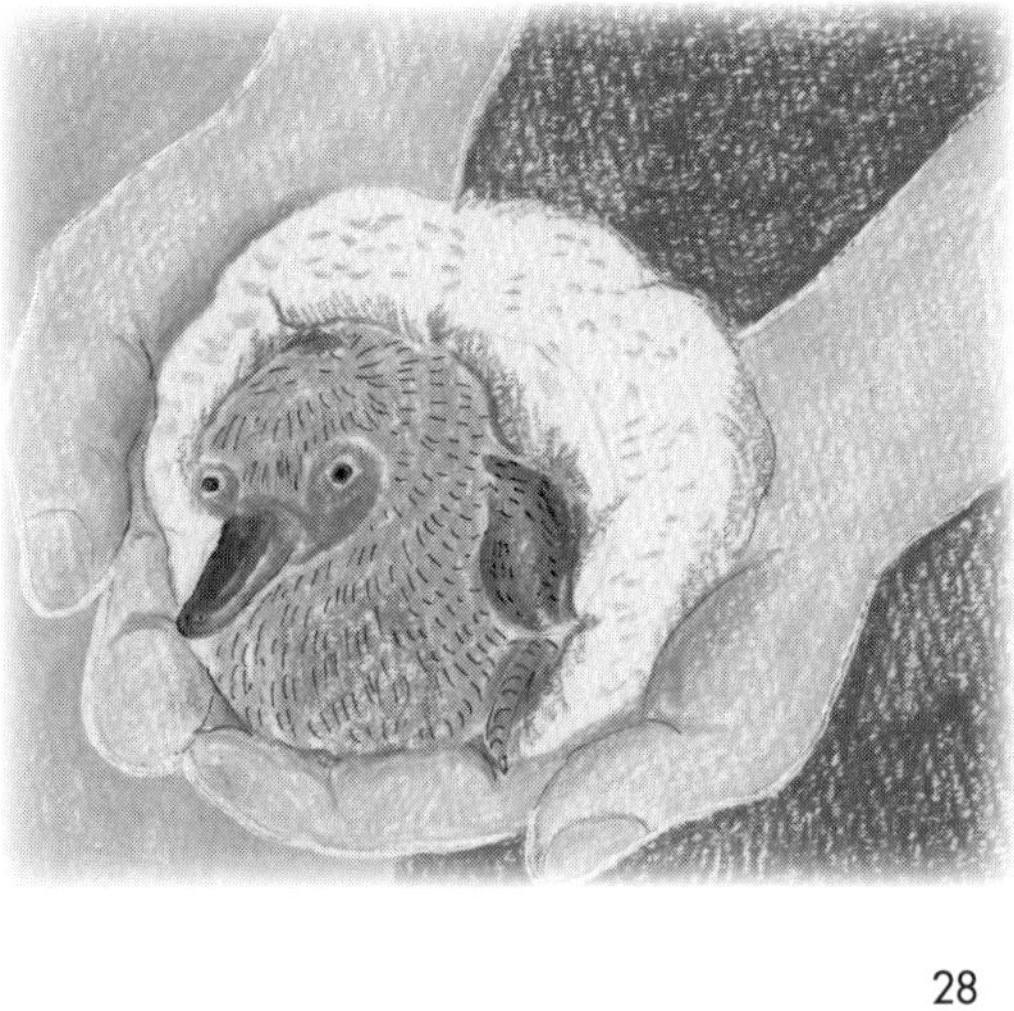

「ヒナを拾わないでください」

県や市、野鳥保護団体などに見られる、共通した広報《こうほう》です。巣落ちヒナ鳥は〝自然の摂理《せつり》に任《まか》せ〟、人は手をださないという原則論《げんそくろん》がその根底です。

巣落ちし、飛《と》ぶことも、えさを食べることも、逃《に》げることもできないヒナはどうなるのでしょう。都市部には、のらネコ、カラス、猛《もう》きん類《るい》、ときにタヌキ、場合によっては人間など、いわゆる天敵《てんてき》が多々います。かりに近くに親鳥がいたとしても、ヒナ鳥の安全を守るなどとうてい不可能《ふかのう》で、天敵のえじきになるのは時間の問題です。

このような100パーセントに近く生きのびることが不可能な状況《じょうきょう》が〝自然の摂理〟なら、この世での生物はとっくに絶滅《ぜつめつ》しているでしょう。

親がいなくてもたくましく成長する物語『赤毛のアン』の主人公にあやかって、アンと名づけられたこのヒナは、強制給餌《きょうせいきゅうじ》（自力で捕食《ほしょく》できないので、人工的給餌）の段階《だんかい》を経《へ》て自力で捕食し、めきめきと成長、2か月後には、かなりの高度を旋回飛行《せんかいひこう》できるようになりました。

人間を親と思っているアン

放鳥に関しての問題点は、まずは群《む》れが受け入れてくれるかどうかです。ドバトのアンは、保護された場所から近い都市公園の群れが受け入れてくれました。次の難関《なんかん》は人を親と思ってしまう、いわゆる〝すりこみ〟の離脱《りだつ》です。鳥類は人の姿《すがた》や声をよくおぼえ識別《しきべつ》しますので、海外の専門機関《せんもんきかん》では、鳥の衣装《いしょう》を着けた専門員が無言《むごん》でヒナの飼育《しいく》にあたります。アンは人間としか接《せっ》していないので、採食《さいしょく》しドバトの群れが梢《こずえ》に去ると、「ただいま」と見守っている人のところに帰ってきてしまいます。上手《じょうず》にかくれていても、すぐに探《さが》しだすのです。

ともかく、ドバト同士のコミュニケーションを高めようと、毎日群れとの採食機会を濃《こ》くしていくことにしました。

さて、天敵です。アンは一度、公園不法占有者《ふほうせんゆうしゃ》におそわれ、つかまり、取り返し、そしてネコにつかまる寸前《すんぜん》を助けられたことがありました。今のところアン

には危機管理意識《ききかんりいしき》がほとんどないのです。大空を自由に飛びまわるアンの姿《すがた》の実現《じつげん》を念《ねん》じて、みんなで努力を続けています。

「そんなにすりこみが取れないなら、人間は必ずしもフレンドリーでなく、時にはこわいよ、という行動をとってみたらどうですか。たとえばおどろかすとか？」――ある野鳥保護施設《しせつ》の専門員の意見です。

公園不法占有者にあやうく焼《や》き鳥にされそうになり、十二分に人間のこわさを体験《たいけん》したはずのアンは、こまったことにその後も、ますます学生たちにあまえるようになりました。

アンと安住の地を探し求めて

市内には、最初《さいしょ》にアンを放鳥した公園よりもっと自然に近く、広大な面積の緑地公園が数か所あります。

そのいくつかを視察《しさつ》してみました。不法占有者も見当たらず、善良《ぜんりょう》な市民のエサやりなど、外観的には平和そのものの風景でしたが、そこにはとんでもないリスクがひそんでいたのです。のらネコとタヌキです。

なかでもタヌキは、もともと人里近くに生息する習性《しゅうせい》があるので、タヌキ汁《じる》にされる確率《かくりつ》が高かったむかしでも、民家近くにその多くが暮《く》らしていました。今日《こんにち》、狩猟法《しゅりょうほう》で守られている都市部には、想像《そうぞう》以上のタヌキが生息しています。タヌキの狩猟本能《ほんのう》はすさまじく、ニワトリでも一瞬《いっしゅん》にして倒《たお》します。のらネコも過酷《かこく》な生活を送っていますので、空腹《くうふく》ならば、ハトでもかんたんに捕捉《ほそく》します。

アンの安住の地はなかなか見つかりません。この箱入り娘を自立させ、その間までの身の安全を図ることが自然復帰《しぜんふっき》の絶対条件《ぜったいじょうけん》です。

関係者一同で熟慮遠謀《じゅくりょえんぼう》の末、妙案《みょうあん》がみつかりました。今、温暖化対策《おんだんかたいさく》の一環《いっかん》として屋上緑化が盛《さか》んです。その屋上庭園にアンを放鳥するのです。屋上で飼うのではなく、放鳥です。

緑化屋上には天敵はほとんどなく、エサもあります。

まだ完全な成鳥ではないアンも間もなく大人になり、野鳥のしたたかさが芽生えるでしょう。すでに飛距離《ひきょり》や高度はかなりのものですので、屋上で遊び、ときに飛び立ち、はじめは頻繁《ひんぱん》に帰ってくるでしょう。

しかしながら近い将来、いずれかの群れに加わり、よき伴侶《はんりょ》を見つけ、二度と屋上には帰ってこないでしょう。とてもさびしいことですが、それがアンの幸せには最良のゴールです。

マロンとサスケ　車に閉《と》じ込《こ》められた犬

2匹《ひき》のダックスの救出

一陣《いちじん》の木枯《こが》らしに、枯《か》れ葉がアスファルトの上をほうきではかれるように流れていきます。

「すっかり、冬になったなあ」

わたしは愛犬との散歩道、そんな思いにふけっていました。

すると突然《とつぜん》、携帯《けいたい》電話が鳴りました。

「ワシヅカ先生、助けてください。もう3日も車に閉じ込められている犬がいるのです。警察《けいさつ》に連絡《れんらく》したのですが、車の持ち主の了解《りようかい》がないと鍵《かぎ》は開けられないと言って、車にメモだけ残して帰ってしまうんです」

友人からのただならぬようすの連絡《れんらく》に、わたしは急いで現場に向かいました。

公園の小さな駐車場《ちゆうしやじよう》には数台の車があり、そのうちの1台のところに人だかりがありました。

「かわいそうに、お腹《なか》がすいたでしょう」

「ガラスがびくともしないので、水もあげられないね」

「毎日、ようすを見にきているけど、飼《か》い主がもどってきているようすはないのよ」

車内には、２匹のダックスフントが閉じこめられ、食べものをねだる必死《ひっし》の形相《ぎょうそう》で顔を窓《まど》ガラスにこすりつけていました。運転席の足元には、からの食器が、そしてその横に糞《ふん》がいくつ

かころがっていました。

「車の持ち主が文句《もんく》を言ったら、弁償《べんしょう》すればいいでしょ」と、わたしは持参したバール（棒状《ぼうじょう》のくぎ抜《ぬ》き）で窓ガラスを少しこじ開け、そのわずかなすき間から、ペースト状のドッグフードを注入すると、２匹はむさぼるように食べ、差し込《こ》んだペットボトルの吸《す》い口から、かなりの量の水を飲みほしたのです。

所轄署《しょかつしょ》に連絡すると、すぐにパトカーが駆《か》けつけてくれました。警察官

と交渉《こうしょう》の結果、動物保護法《ほごほう》を優先《ゆうせん》し、特例として車の鍵《かぎ》を開けることになったのです。

車のトランクの中にはドッグフードの大きな袋《ふくろ》だけが、ぽつんとひとつ入っていました。

「なにか、車に帰れない事情《じじょう》ができたのかね」

ペットを家族にする責任《せきにん》

救出された2匹は、とりあえずわたしの病院に入院させ、健康状態《じょうたい》の回復《かいふく》を図ることにしたのですが、この2匹を救出したその夜に、なんと季節はずれの寒波が襲来《しゅうらい》したのです。あのまま2匹が車の中に取り残されていたら、命にかかわっていたかもしれません。本当に間一髪《かんいっぱつ》でした。

警察の調べで、車のナンバーから飼い主が特定されましたが、その本人は居所《いどころ》不明。父親が東北地方から、わざわざ病院へ来てくれました。

「たいへんご迷惑《めいわく》をおかけして、申しわけございません。本人は1か月ほど前に2匹の愛犬を連れ、勤《つと》め先を求めてあてもなく車で家を出てから消息が不明です。この子たちは、メスのマロンとオスのサスケです。どちらも2才です。わたしは連れて帰れないので、どなたかかわいがっていただける方がいれば、もらっていただきたいのですが」

まじめそうな人柄《ひとがら》と、息子《むすこ》の消息が不明なことへの心労でゆがむ表情《ひょうじょう》を見るにつれ、わたしはその願いを無下《むげ》にことわるわけにもいかず、マロンとサスケをしばらくあずかることにしました。

そして、マロンとサスケを車から救出して1週間ほどたったころ、所轄署より連絡が入りました。警察が車に残したメモを見て、本人が出頭したとのことでした。

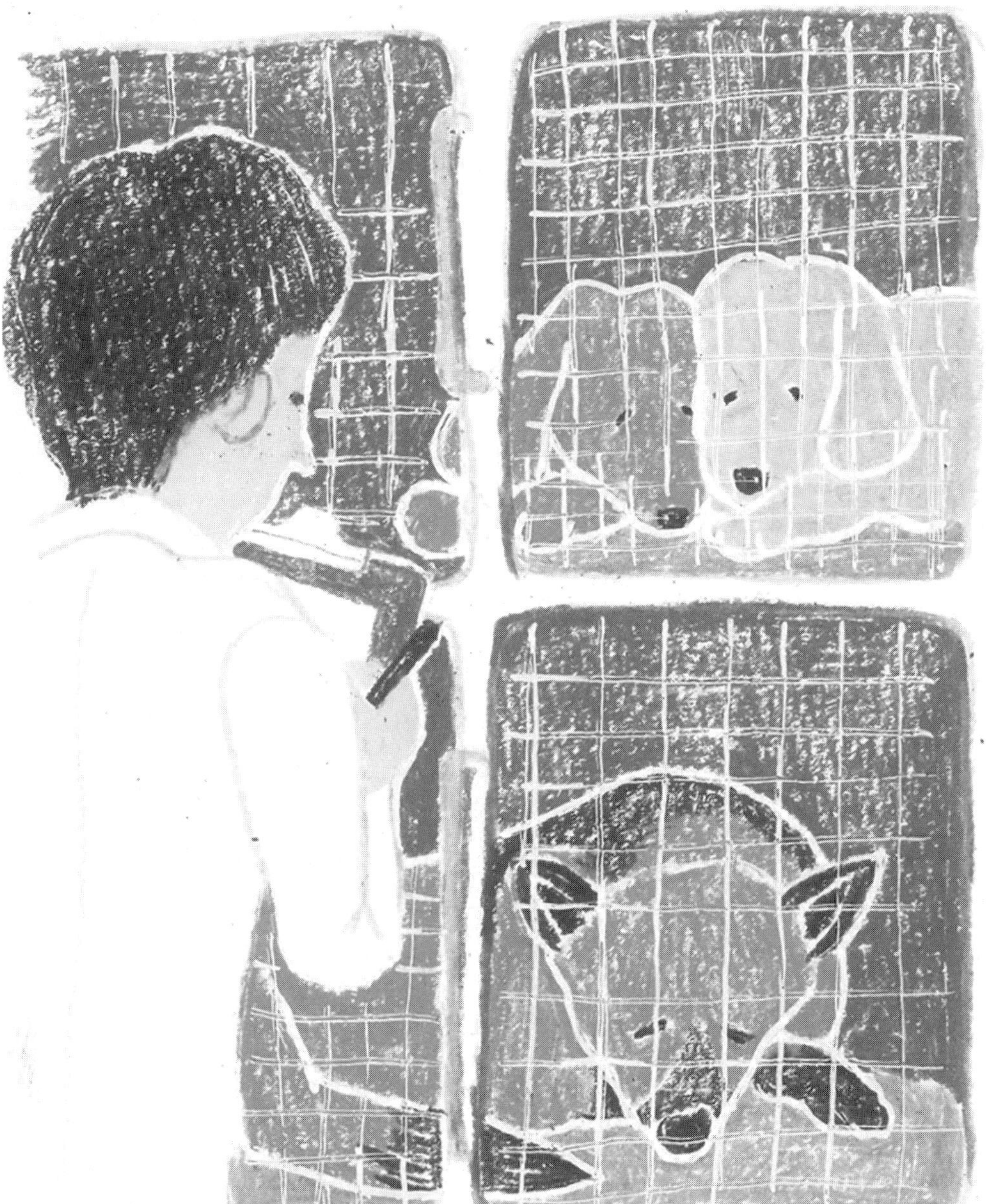

「動物愛護管理法では、動物をみだりに殺したり傷つけた場合は5年以下の懲役《ちょうえき》または500万円以下の罰金《ばっきん》、みだりに暴行したり、えさや水を与えずに衰弱《すいじゃく》させるなどの虐待《ぎゃくたい》をした者は1年以下の懲役または100万円以下の罰金、動物を遺棄《いき》した者も1年以下の懲役または100万円以下の罰金なんですよ」と、警察にきつく諭《さと》された本人が電話口に出ました。

「すみません、たいへん気になってはいたのですが、車にもどれない事情があって……。ぼくは飼い続けられる

状態《じょうたい》ではないので、どなたかにもらっていただけるようお願いしたいのですが」

マロンとサスケの里親探《さが》しが始まりました。新聞やテレビでもこのことは報道《ほうどう》され、多くの人から希望がありました。そして、とても明るい４人家族のお宅《たく》が里親に決まりました。小学５年生のお姉さんがマロンを、弟さんがサスケを責任《せきにん》もってかわいがってくれると約束してくれました。

そして１年近くが過ぎたころ、マロンは４匹の子犬のお母さんになりました。もちろんお父さんはサスケです。ワクチンなどの外来で病院にやってくるときは、サスケはすっかりお父さんの頼《たの》もしい顔で、わたしを見るようになりました。

アヒル救出大作戦　救出作戦1日目

先生、アヒルを助けてください!

それは土曜日の夕方、病院に届《とど》いた1枚《まい》のファックスで始まりました。

ワシヅカ先生
ご多忙《たぼう》中まことにすみませんが、N大学の鏡ケ池のアヒルがたいへんなことになっています。
なんとか助けていただけませんか。
2羽《わ》いるアヒルのうち、年《とし》をとっていて、大きくてのろまなほうが、首にかけられたひもに下のくちばしがひっかかって、食事ができません。

このアヒルは、11月13日ころにだれかにいたずらされて首に、太いひもをかけられました。

それが水にぬれていました。

11月24日から池の中には相棒《あいぼう》の1羽しかいなくて、ひもをかけられたアヒルは、姿《すがた》が見えませんでした。


相棒のアヒルが何回も鳴くので、26日に池のまわりを探《さが》してみると、北の土手の下の草むらにいました。

足かどこかが木々に引っかかって出られなくて2日間、なにも飲まず食わずでいたようです。


池には高い柵《さく》があり入れませんので、26日にN大本部へ連絡《れんらく》して助けにきてもらい、なんとか草むらからは脱出《だっしゅつ》しましたが、

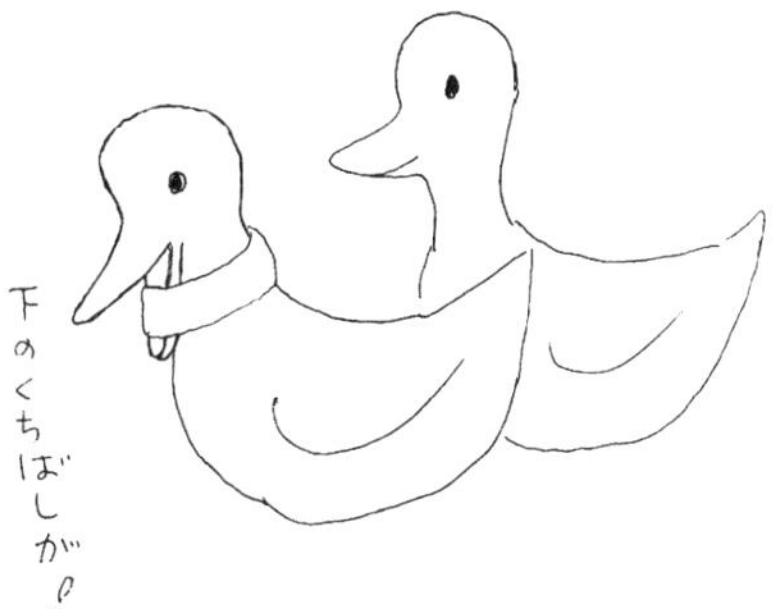

足か羽かにケガをしているらしく、動きがおかしくて
その日は草むらにあがってエサも食べにきませんでした。
今日、見に行きましたら、ますますたいへんなことになっていました。
首にかけられたひもに下のくちばしがひっかかって
エサをあげてもなにも食べられませんでした。

足と羽の具合も心配です。
土曜日、日曜日はN大学も休みです。
どこへ救助を頼《たの》んだらよいのかわかりません。
なんとか助けていただけませんでしょうか。

ネコのゴン之介《のすけ》がお世話になっております。

N大学　仲田恵子　052-834-XXX

日没《にちぼつ》までは少し時間があったので、さっそく現場《げんば》の鏡ケ池に車を走らせると、N大学の仲田先生が駐車場《ちゅうしゃじょう》カードを持って出迎《でむか》えてくれました。

夕暮《ゆうぐ》れがせまる水面には、2羽のアヒルが寄《よ》り添《そ》うように泳いでいます。目をこらしてよく見ると、たしかにそのうちの1羽の首になにか赤いものがからまり、ちょうど猿《さる》ぐつわ状態《じょうたい》になっているようでした。しかし肉眼《にくがん》では、それがなんであるかまでは判別《はんべつ》できません。

「数日なにも食べていないわりには、元気そうだな」

大学の敷地内《しきちない》のため、池の周囲は厳重《げんじゅう》にフェンスで仕切られており、しかも土曜日の夕方で人の気配もなく、アヒルのほかに問う人もなし――です。

翌日《よくじつ》の日曜日は、幸い病院は非番《ひばん》だったので、早々に現場に向かうことにしました。水に浮《う》くことをあらかじめ確かめた持参のキャット・フードをフェンス越《ご》しにまくと、2羽はそれを見つけて泳ぎ寄り、ついばみ始めました。首かせアヒルはぎこちないしぐさながらも、少しは捕食《ほしょく》しています。

「まだそんなに衰弱《すいじゃく》していないし、体に張《は》りもある。救出はあしたで間に合うでしょう」

仲田先生はこの池を管轄《かんかつ》している学校の先生なので、月曜日になったら早々に管理者と連絡をとってもらうことをお願いし、鏡ケ池を後にしました。

救出作戦の始まり

10時頃に、また仲田先生よりファックスが届きました。

ワシヅカ先生

今日は本当にお世話になります。どうぞよろしくお願いいたします。
N大学本部と守衛《しゅえい》さんに連絡しました。フェンスのカギもあります。
先生たちと学生にも、救出のためのボランティアをお願いしました。
東のエサ場から網《あみ》を投げ、引き上げたほうが
カヌーで追うよりいいかもしれません。
西側でエサを与えても近寄ってきませんでしたので東側でエサを与え、
網をかけ、カヌーで救助に行くのがいいかもしれません。

N大学　仲田恵子

作戦開始は午前の診療終了《しんりょうしゅうりょう》後《ご》の13時と決め、まずは動物園に立ち寄り、アヒルの捕獲《ほかく》に使う長柄《ながえ》のタモを借りることにします。アヒルはまだ元気なので、カヌーでゆっくり近づいてエサをまき、昨日のように近づいてきたところを、タモをばっさりかぶせて捕獲——と簡単《かんたん》に考えていました。

カヌーという乗り物は、あれでなかなか操作《そうさ》が難《むずか》しく、とくに初心者には方向を一定に保《たも》ったり、自由自在《じゆうじざい》に船首を変えるのが容易《ようい》ではありません。

カヌーを漕《こ》いでくれる体育教諭《きょうゆ》のいかにもスポーツマンらしい中村先生は、ことカヌーに関しては経験《けいけん》が十分ではありませんでした。当日は、操作が比較的《ひかくてき》簡単な高速タイプを持って行ったのですが、艇《てい》があさってのほうに向かったり、岸に乗り上げること2度、3度……。しかし、さすがにスポーツマン中村先生は、短時間でカヌーイストとしての技《わざ》を身につけました。

こちらは微速《びそく》前進で近づきますが、ターゲットのアヒルは警戒《けいかい》して巧《たく》みに方向を変え、距離《きょり》を詰《つ》めさせません。エサをまいても知らん顔です。

「なかなか手強《てごわ》いなあ」

押さば引け、引かば押せと、柔道《じゅうどう》の極意で接近《せっきん》を試みるうち、アヒルもやや警戒心《けいかいしん》が薄《うす》れてきたようで、時々、タモ竿《さお》の圏内《けんない》への接近を許《ゆる》すようになってきました。満を持して、タモをばっさりとかぶせると、なんとその瞬間《しゅんかん》、アヒルは垂直潜水《すいちょくせんすい》し、難《なん》なくタモからスルリと脱出《だっしゅつ》したのです。

アヒルをすくい上げるには、長柄のタ

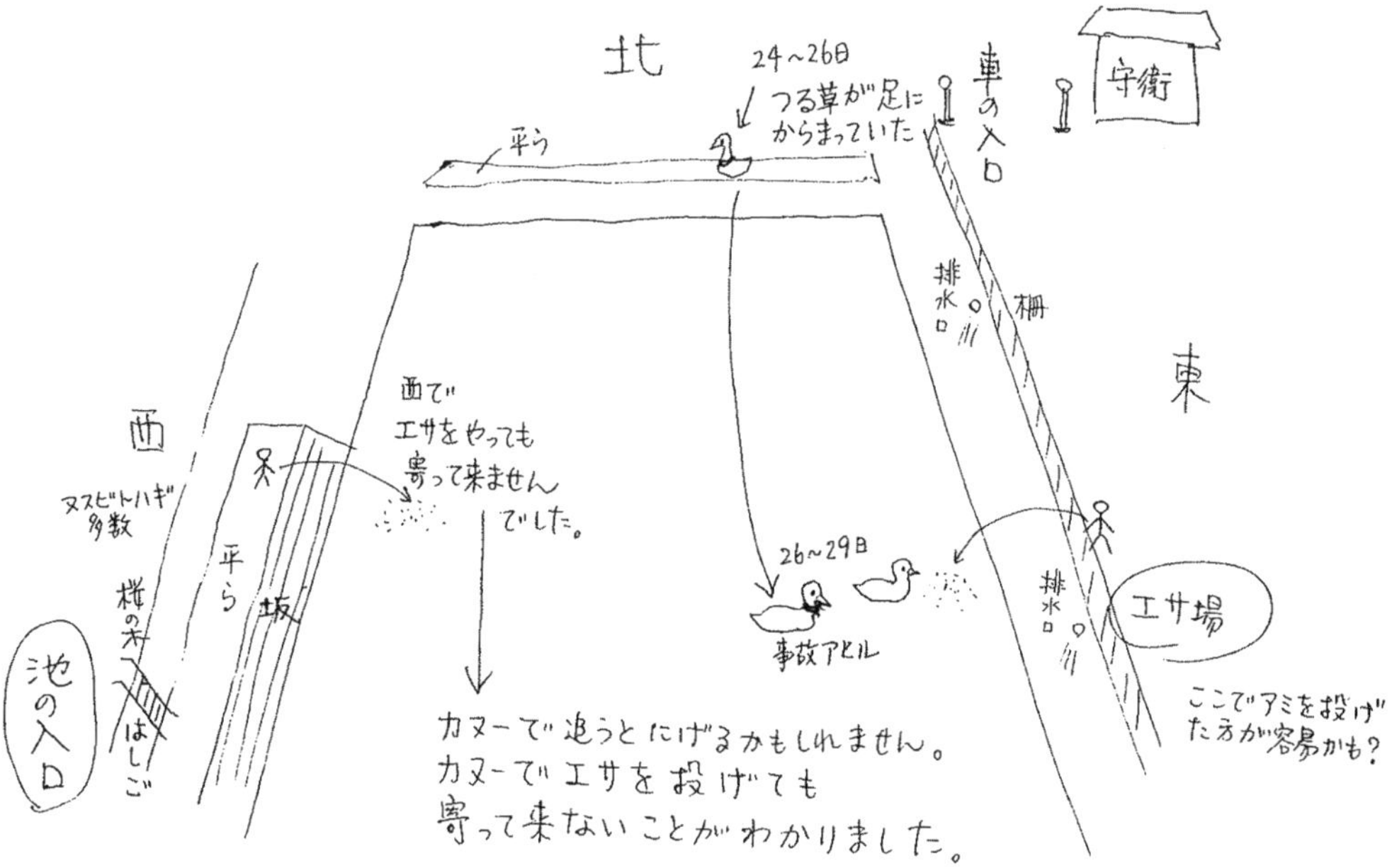

モでは水の抵抗《ていこう》が強く到底不可能《とうていふかのう》、その後も数回かぶせるものの、すべては同じ結果に終わってしまいました。

カヌーのコックピット（飛行機の操縦席《そうじゅうせき》のような表現《ひょうげん》だけれど、ただの漕《こ》ぎイス）は、ちょうどこわれた洋式便器に腰《こし》かけたような姿勢《しせい》なので、そんな恰好《かっこう》で漕ぎ、大小のタモをあやつり続けていたのでいい加減《かげん》くたびれ、また腰も痛《いた》くなってきました。タモをあやつるにも、つねにバンザイに近い姿勢は、なんとも機能的《きのうてき》ではありません。

アヒルとカヌーの攻防《こうぼう》

かなりの時間追いまわし、たびたびのタモの攻撃《こうげき》でアヒルも少々くたびれていたのか、動きがにぶってきました。ここは勝負どころと、タモ操作に集中するた

め、少し重心を上げました。

するとカヌーはみごとに転覆《てんぷく》、冬の池にまっさかさま（カヌーはいともかんたんに転覆する構造《こうぞう》になっているので、いちばんやってはいけないのが、ふらふらと重心を上げること）、2人そろって水もしたたるいい男――となってしまいました。


転覆はまったく予想していなかったので、自慢《じまん》のブーツもヘドロにつっこみ、携帯《けいたい》電話もこわれる始末。それでもめげずにカヌーの水を抜《ぬ》き、ずぶぬれのまま、さらに30分ほどタモをふるいました。

「つかまらないな」

気化熱で寒さもだんだん限界《げんかい》に近づいてきたので、「作戦を変更《へんこう》して明日、再《さい》挑戦《ちょうせん》しましょう」と、岸に上がりました。

いつの間にやら多くの報道陣《ほうどうじん》が集まっていて、

「これからどうしますか」

「明日は何時からですか」

「どんな作戦で望みますか」

など、矢継《やつ》ぎ早《ばや》の質問《しつもん》です。

「関係者と相談し、もっとも効果的《こうかてき》な方法でいどみますよ。なかなか手強いのでね」

そのあとも、矢継ぎ早の質問が続くので、

「あのね、ぼくは冬の池に落ちて寒いの。明日は、1時ごろ再挑戦します」

と、這々《ほうほう》の体《てい》で帰宅しました。

「アヒルは潜水《せんすい》で逃げる……。そうだ、池の一部にネットを敷設《ふせつ》し、カヌーを増やして地引網《じびきあみ》方式でネットに追いこもう」

そんな構想《こうそう》を練っていると、仲田先生から電話が入り、

「明日はT高校のカヌー部員が、カヌー持参で参加します。ネットは学校にさまざまなものがあるので、それを活用しましょう」

と、作戦がおおむね決定しました。

アヒル救出大作戦　救出作戦2日目

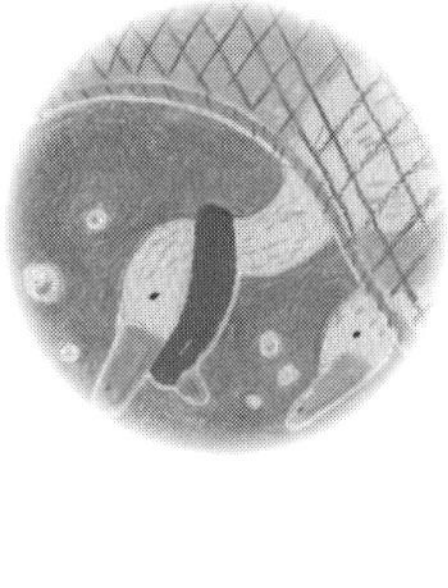

受難《じゅなん》アヒルをついに捕獲《ほかく》

新聞の朝刊に、「受難アヒル」がカラー写真で掲載《けいさい》されました。記事を読むと、発見者の仲田先生が各方面に救出の連絡《れんらく》をしたところ、消防署《しょうぼうしょ》には「人の救出ではない」、動物園には「N大学の管理地だから」、動物愛護《あいご》センターには「野生動物の救出はしない」とことわられ、獣医師《じゅういし》のワシヅカ先生が救出をこころみたがアヒルの逃げ足が速くて断念《だんねん》。本日、再挑戦《さいちょうせん》する——の内容でした。

この記事に大きな反響《はんきょう》があり、「水中よりサポートしたい」とダイバー、「なんでもお手伝いします」とボランティア、病院の電話は鳴りっぱなしでした。

午後1時、

「みなさーん、集まってくださーい」

仲田先生の声で、池の西岸で昨日の何倍にも増《ふ》えた報道陣《ほうどうじん》と大勢《おおぜい》のギャラリーに囲まれ、関係者ミーティングが始まります。カヌー3艇《てい》、乗り手6人、ダイバー1人。総員《そういん》やる気満々で作戦開始です。

北岸が浅瀬《あさせ》なので、まずはそこに野球用バック・ネットを張ります。小回りのきく1人乗りカヤック、漕《こ》ぎ手2人、網手《あみて》1人のカナディアン、昨日の漕ぎ手、中村先生の高速艇《てい》には、最前線総司令官のわたしが、網手を兼務《けんむ》して乗船です。ダイバーが艇の間をサポート、岸には数人の網手が待機、じわじわとアヒルをネット方向に追いつめていきます。

いよいよ追いつめた時、アヒルはまた潜水《せんすい》したので、ネットにかかるだろうと見守っていましたが、どうもその気配がありません。その時、ネットの反対側にアヒルはぴょこんと浮上《ふじょう》しました。

「あれー、どうやってもぐり抜《ぬ》けたのー?」

カヤックとダイバーが再度、追いつめます。こんな時、体の大きな艇は、小回りがきかずウロウロするだけです。そのあとも再々、池底に固定してあるはずの網の下を、アヒルはたくみにもぐり抜けます。中村先生は艇を降《お》り、手薄《てうす》のネット固定係に転じます。

土手では、アヒルの動きが水面のわれわれよりもよく見える、すずなりになったギャラリーが、「そこそこ!」「あっちに浮《う》かんだ!!」と大さわぎです。

たまりかねたT高校カヌー部員の1人が、悠々《ゆうゆう》と潜水するアヒルに向かって飛び込みました。急にでかいのが飛びこん

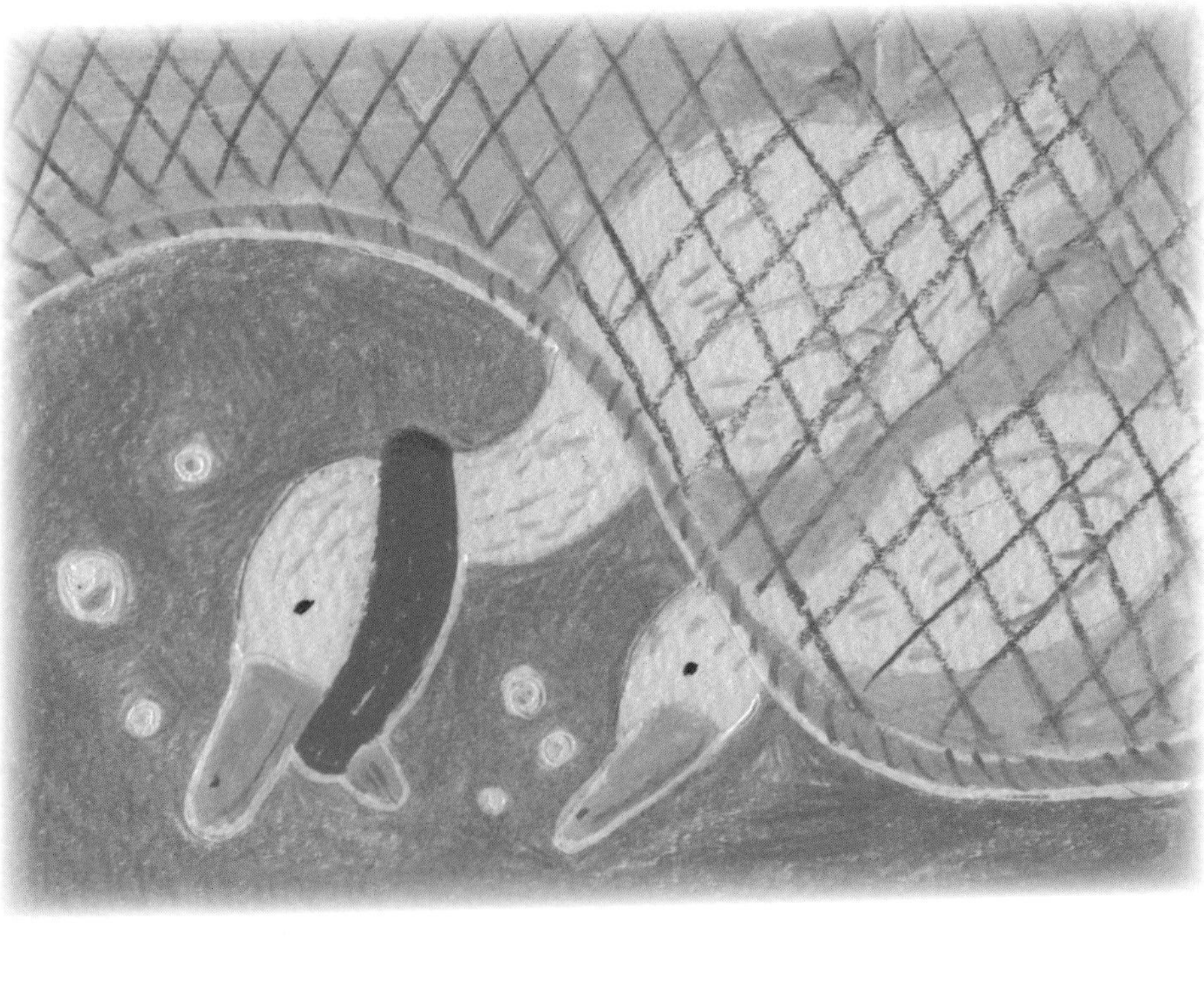

できたので、アヒルはびっくり仰天《ぎょうてん》です。飛び上がった場所がネット固定係の中村先生の真横だったため、俊敏《しゅんびん》な先生のタモさばきによって、アヒルはついに捕獲されたのでした。

ギャラリーからは「やったー!!」と大歓声《だいかんせい》が上がります。

人が動物に迷惑《めいわく》をかけない社会に

救出されたアヒルを乗せた高速艇は、応急処置《おうきゅうしょち》の往診《おうしん》カバンのある西岸へ向かいます。猿《さる》ぐつわ状《じょう》にかかっていたのは、プラスチック製《せい》のペット・ホルダーの蛇腹《じゃばら》を縮《ちぢ》めたような物でした。

後日、よく調べると旧式の夜間道路工事用の安全灯の先端《せんたん》部分とも考えられ、だれかが池に投げ込《こ》み、アヒルが捕食時《ほしょくじ》に頭をその中につっこみ、今回の受難に至《いた》ったと推定《すいてい》されました。

もっとも心配されたしめつけられた傷《きず》ですが、後頭部は丈夫な羽毛で保護《ほご》されているので損傷《そんしょう》はなく、口腔内《こうくうない》は舌根部《ぜっこんぶ》に比較的《ひかくてき》軽度の絞扼物《こうやくぶつ》によると思われる裂傷《れっしょう》を認《みと》める程度《ていど》でした。傷を消毒、池の水がお世辞にもきれいといえる状態《じょうたい》ではなかったので、その後の感染予防《かんせんよぼう》のため抗生物質《こうせいぶっしつ》を注射し、万雷《ばんらい》の拍手《はくしゅ》の中、今回の立役者、仲田先生の手で、やさしく池に戻されました。

「変なものにくちばしをつっこんではいけませんよ、元気でね」

岸から10メートルもはなれたときでしょうか。アヒルは羽を広げ、何度も首をのばして左右に振《ふ》りました。きっと肩《かた》が凝《こ》っていたのでしょう。そして数回、口をゆすぐ動作をくり返しました。

数日の窮屈《きゅうくつ》な姿勢《しせい》から解放《かいほう》された喜びを全身で表すこの「被害者《ひがいしゃ》」のしぐさに、また大きな拍手が起こりました。

ライオン・ライイちゃん騒《そう》動《どう》記《き》

猛獣《もうじゅう》のSOS

「ライオンの第二趾《だいにし》（人間の人差し指にあたる）の爪《つめ》が異常《いじょう》に伸《の》び、左右とも肉球に食い込んでいてとても痛《いた》そうで、片足《かたあし》を引きずり、1日中なめています。手術《しゅじゅつ》をお願いしたいのですが……」

この夏、まだ6才の若さで死亡《しぼう》したトラの死因《しいん》究明のための病理解剖《びょうりかいぼう》や、時々の往診《おうしん》でご縁《えん》のある動物園より、電話といっしょに映像《えいぞう》が送られてきたのは、師走《しわす》もなかばを過《す》ぎたある日のことでした。

小雨《こさめ》の伊勢道《いせどう》を南下、紀勢線《きせいせん》に入り大内山《おおうちやま》インターより10分足らずで動物園に到着《とうちゃく》。

「遠路《えんろ》、ごくろうさまです」

山本園長がいかつい顔に満面《まんめん》の笑みをたたえて迎《むか》えてくれました。

16才のメスライオンのライちゃんは、せまいおりの中を痛い前肢《ぜんし》を引きずりながらも、のっしのっしと歩いていています。

「3日ほど前から攻《せ》め檻《おり》（内部が動いてせまくなり、猛獣を動けなくする治療《ちりょう》用の檻）に慣《な》らそうと、攻め檻を運動場のかたすみに設置《せっち》し、入口を開放し、好《こう》物《ぶつ》のシカ肉で誘導《ゆうどう》しているのですが、なかなか入りません。逆に見慣れない攻め檻が運動場に入ったせいか、すっかり警《けい》戒《かい》して、扉《とびら》が電動で上下するこの寝室《しんしつ》檻に誘導するのがやっとでした」

飼育主任《しいくしゅにん》の安倍《あべ》さんが、「まいったなー」といった表情《ひょうじょう》でつぶやきました。

「慎重《しんちょう》で、警戒心が強いからね。よくばりで節操《せっそう》のないホモサピエンスのよう

に、かんたんに好物ではつられないものですよ」

わたしは安倍さんといっしょに、ライちゃんを観察していました。

「体重は80キログラムくらいと電話で聞いていたのですが、130キログラム以上はあるんじゃないかな。以前、体重が100キログラムほどのセントバーナードの胃捻《いねん》転《てん》を手術したことがあるけれど、ライちゃんよりはるかに小さかったからね」

ライオンのメスの寿命《じゅみょう》は飼育個体《しいくこたい》でも20年くらいです。

しかしながら、このライちゃんは16才で高齢《こうれい》だけれど、かくしゃくとしており、眼光鋭《がんこうするど》く、手のとどく距離《きょり》での迫力《はくりょく》はなかなかのものです。

園長には慣れており、鉄格子《てつごうし》に体をすりよせてくるので、

「よし、この姿勢《しせい》で鉄格子の間から注射《ちゅうしゃ》しましょう」

と、準備《じゅんび》を始めました。

悪戦苦闘《あくせんくとう》の治療

おなじビッグキャットのトラは麻酔《ますい》に弱く、呼吸《こきゅう》停止に至《いた》る確率《かくりつ》が高いのですが、ライオンではトラほどのリスクはありません。

とはいえ、推定《すいてい》体重での麻酔と気道確保《きどうかくほ》が容易《ようい》ではないので、少しひかえめの投与《とうよ》から始めることにしました。

投薬して5分経過《けいか》してもライちゃんはすずしい顔で、なんら麻酔効果《こうか》の兆候《ちょうこう》が見られません。さらに5分ほど観察していると、さすがに巨体《きょたい》にはややふらつきが見られましたが、起立位《きりつい》は変わらず、眼光は鋭いままです。

「麻酔薬の追加投与が必要だね」

まもなく眼光はうつろになり、おすわりの姿勢《しせい》からゴロリと横たわりましたが、ここで大切なのが気道確保です。

この体勢《たいせい》ではあごが引けて気道がせまくなり、ちっ息《そく》の危険性《きけんせい》があります。

「顔を持ち上げて」

動物園のスタッフに指示をしますが、

「先生、無理です。まだ、かみつきそうな顔をしています」

と、スタッフが悲鳴をあげます。

「大丈夫、大丈夫、門歯《もんし》に棒《ぼう》をかけ、下から顔を起こして……」

「早くやれー、死んじゃうぞー」

こちらもだんだんと殺気《さっき》だってきます。

門歯を支えて、頭を上げていた棒が少しはずれました。

ライちゃんがゆっくりと、やさしく棒をかむと、直径3センチメールほどの樫《かし》の棒がいともかんたんにかみ切られます。

「ほー、なかなか手強《てごわ》いな」

完全に自由をうばうために、さらに追加麻酔を行うには気管チューブの挿管《そうかん》が不可欠《ふかけつ》になります。しかし、チューブの挿管するときの施術者《せじゅつしゃ》の手首は、先ほどの樫の棒と同じ運命になる可能性もあります。

「動きはそうとう緩慢《かんまん》だな。よし、鉄格子を少し上げ、手首にロープをかけ、患《かん》部《ぶ》の手首だけを檻の外に引きだそう」

手首にロープをかけようとしても、深麻酔ではないので患部の疼痛《とうつう》がまだ皆無《かいむ》ではなく、ロープ装着《そうちゃく》をいやがり、手を引っこめてしまいます。しかし、こちらに噛《か》みつく気力はなさそうです。

「しっかりあごを棒で持ち上げていていいるんだぞー」

スタッフに声をかけ、えーいと大胆《だいたん》にかつ慎重に檻の下から手を入れ、患部の少し奥にロープを固定します。大人2人の渾身《こんしん》の力でロープを引っぱりますが、ライちゃんの腕力《わんりょく》ははるかに超《こ》えています。やっとの思いで、まずは右手を引きだすことに成功しました。

診察《しんさつ》すると、第二趾の爪が異常に伸びて湾曲《わんきょく》し、肉球に深くささって出血、化膿《かのう》しています。

骨切《ほねきり》ハサミで爪を切ろうとしますが、歯が立ちません。

「かたいねー」

わたしはいろいろな場合を想定して用意した数々の外科器具から、歯科用の線《せん》鋸《のこ》を選びだし、

「これで切れる、もう少しだからなー」

と、ライちゃんを励《はげ》ましながら爪をあらかた切断《せつだん》し、肉球に刺《さ》さってしまっている爪を抜《ぬ》き取り、消毒までの治療をすばやく進めました。左手に同様の処置《しょち》をするころには、ライちゃんの麻酔はおおむね安定してきました。

かくして、左右の患部に対する外科処置は終了《しゅうりょう》しました。

手術終了後10分ほどで少し頭を上げるようになり、さらに1時間ほど観察していると、体の動きが徐々《じょじょ》に回復《かいふく》する兆《きざ》しが認《みと》められます。

師走《しわす》の夕暮《ゆうぐ》れがせまり、山間のこの動物園では南紀《なんき》とはいえ、気温が急速に低

下します。保温に十分配慮し、観察を怠《おこた》らないように指示《しじ》をして帰路につくことにしました。

明朝7時ころ、携帯《けいたい》電話が鳴ったので急いで取ると、動物園の阿部主任からでした。

「ライちゃんが起き上がりません」

と、深刻《しんこく》な声で訴《うった》えます。

「横たわったままですか？」

「いいえ、一度立ち上がりましたが、その後は横になったままです」

「それなら大丈夫です。鎮静剤《ちんせいざい》の効果

が持続しているのでしょう。心配ない、心配ない」

2時間後、また、阿部主任からの電話です。

「今、水を飲み、生肉もぺろりと食べました。ご心配をおかけしました」

体重130キログラムを超える猛獣の外科処置は、いつもの診療にくらべ、かなりのパワーが要求されます。しかし今、ライちゃんの回復の報告《ほうこく》を受け、全力疾走《しっそう》した後のような、さわやかな気分が全身に注入されたような気持ちになりました。

「来年は今年を凌駕《りょうが》するよい年になるぞ」

わたしは、胸《むね》をおどらせていました。

あとがき

人間は今日なお、サル目ヒト科のサルの一種で、けっして特別な生物ではありません。

ヒト科にはその他に、ゴリラ、チンパンジー、オランウータンが横並《なら》びで存在《そんざい》し、遺伝子《いでんし》も人とはわずかな違いしかなく、ヒト科の特徴《とくちょう》は、尾《お》がほとんどわからないほど短く、人にも尾骶骨《びていこつ》という、尾の名残の骨があります。

ヒト科のサルは、英語ではエイプ（Ａｐｅ）と表現し、ヒト科以外のサルたちは、おなじみのモンキーと呼びます。

ヒトの脳《のう》は、前頭葉が際立《きわだ》って発達しており、前頭葉は、難《むずか》しく言えば哲学をする場所で、簡単に言えば、「かくあるべきだ」「そんなことは道に外れる」などを思考する場所です。

前頭葉の発達と偏差値《へんさち》とは、必ずしも一致《いっち》せず、特に最近では、偏差値はほどほどに高いが、前頭葉の発達や機能が低く、人の道に大きく外れた、利己的《りこてき》な利権のみを追求する、けしからん輩《やから》が横行するのは許せません。

地球が無理なく養える人口は30億、すでに3倍に近づいていますが、人工的な原因による温暖化《おんだんか》や、炭酸《たんさん》ガスを吸収《きゅうしゅう》し、酸素《さんそ》を供給《きょうきゅう》する貴重なアマゾンの森を焼き払《はら》い、畑地にするなどとんでもないことです。

新型コロナ禍に猛暑が加わり、重苦しい世相にあって、拙書が〝一服の清涼剤〟となれば幸いです。

２０２０年10月

鷲塚貞長

鷲塚貞長《わしづかさだなが》　ワシヅカ獣医科病院院長、獣医学博士

SCR 協会会長、名古屋 ECO 動物海洋専門学校教育顧問、日本ペンクラブ会員、獣医学学会で学会賞多数、日展陶芸作家（5 回入選）。

（社）名古屋市獣医師会元会長、中部獣医師会連合会元連合会長、（社）日本獣医師会元理事、藍綬褒章（1994 年）、名古屋和合ロータリークラブ元会長。

神戸市生まれ。獣医師として多忙な診療の日々を送るかたわら、乗馬、陶芸、クレー射撃、柔道、剣道、アンティーク収集など多彩な趣味をもつ。動物たちの命を守る活動にも関心が深い。これまでの著書の代表作に『エディンバラのボビー』（KTC 中央出版）などがある。

こちら、まほろば動物病院

2020 年 11 月　1 日　初版第 1 刷発行
2024 年　6 月 30 日　初版第 2 刷発行

著　者　　鷲塚貞長
発行者　　佐藤　秀
発行所　　株式会社 つちや書店
〒 113-0023　東京都文京区向丘 1-8-13
電話　03-3816-2071　　FAX　03-3816-2072
HP　http://tsuchiyashoten.co.jp/
E-mail　info@tsuchiyashoten.co.jp
印刷・製本　日経印刷株式会社

落丁・乱丁は当社にてお取り替え致します。
